钱锺书集

錢鍾書集

槐聚詩存

生活·讀書·新知 三聯書店

圖書在版編目（CIP）數據

錢鍾書集：槐聚詩存/ 錢鍾書著. —2 版 . —北京：生活·讀書·
新知三聯書店，2007. 10　（2022. 8 重印）
ISBN 978 –7 –108 – 02750 – 4

Ⅰ. 錢⋯　Ⅱ. 錢⋯　Ⅲ. ①錢鍾書（1910 ~ 1998）– 文集
②社會科學 – 文集　Ⅳ. C52

中國版本圖書館 CIP 數據核字（2007）第 086086 號

書名題簽　錢鍾書　楊　絳

責任編輯　馮金紅　孫曉林
裝幀設計　陸智昌
責任印制　董　歡
出版發行　生活·讀書·新知 三聯書店
　　　　　（北京市東城區美術館東街 22 號）
郵　　編　100010

出 版 説 明

　　錢鍾書先生（一九一〇——一九九八年）是當代中國著名的學者、作家。他的著述，如廣爲傳播的《談藝録》、《管錐編》、《圍城》等，均已成爲二十世紀重要的學術和文學經典。爲了比較全面地呈現錢鍾書先生的學術思想和文學成就，經作者授權，三聯書店組織力量編輯了這套《錢鍾書集》。

　　《錢鍾書集》包括下列十種著述：

　　《談藝録》、《管錐編》、《宋詩選註》、《七綴集》、《圍城》、《人・獸・鬼》、《寫在人生邊上》、《人生邊上的邊上》、《石語》、《槐聚詩存》。

　　這些著述中，凡已正式出版的，我們均據作者的自存本做了校訂。其中，《談藝録》、《管錐編》出版後，作者曾做過多次補訂；這些補訂在兩書再版時均綴於書後。此次結集，我們根據作者的意願，將各次補訂或據作者指示或依文意排入相關章節。另外，我們還訂正了少量排印錯訛。

　　《錢鍾書集》由錢鍾書先生和楊絳先生提供文稿和樣書；陸谷孫、羅新璋、董衡巽、薛鴻時和張佩芬諸先生任外文校訂；陸文虎先生和馬蓉女士分別擔任了《談藝録》和《管錐編》的編輯工作。對以上人士和所有關心、幫助過《錢鍾書集》出版的人，我們都表示誠摯的感謝。

生活·讀書·新知 三聯書店

一九九九年十二月一日

此次再版，訂正了初版中少量的文字和標點訛誤；並對《談藝錄》、《管錐編》的補訂插入位置稍做調整。

生活·讀書·新知 三聯書店

二〇〇七年八月二十日

錢鍾書對《錢鍾書集》的態度

（代　序）

楊　絳

　　我謹以眷屬的身份，向讀者説説錢鍾書對《錢鍾書集》的態度。因爲他在病中，不能自己寫序。

　　他不願意出《全集》，認爲自己的作品不值得全部收集。他也不願意出《選集》，壓根兒不願意出《集》，因爲他的作品各式各樣，糅合不到一起。作品一一出版就行了，何必再多事出什麽《集》。

　　但從事出版的同志們從讀者需求出發，提出了不同意見，大致可歸納爲三點。（一）錢鍾書的作品，由他點滴授權，在臺灣已出了《作品集》。咱們大陸上倒不讓出？（二）《談藝録》、《管錐編》出版後，他曾再三修改，大量增删。出版者爲了印刷的方便，《談藝録》再版時把《補遺》和《補訂》附在卷末，《管錐編》的《增訂》是另册出版的。讀者閲讀不便。出《集》重排，可把《補遺》、《補訂》和《增訂》的段落，一一納入原文，讀者就可以一口氣讀個完整。（三）儘管自己不出《集》，難保旁人不侵權擅自出《集》。

　　錢鍾書覺得說來也有道理，終於同意出《錢鍾書集》。隨後他因病住醫院，出《錢鍾書集》的事就由三聯書店和諸位友好協力擔任。我是代他和書店並各友好聯絡的人。

　　錢鍾書絕對不敢以大師自居。他從不廁身大師之列。他不開宗立派，不傳授弟子。他絕不號召對他作品進行研究，也不喜旁人爲他號召，嚴肅認真的研究是不用號召的。《錢鍾書集》不是他的一家言。《談藝錄》和《管錐編》是他的讀書心得，供會心的讀者閱讀欣賞。他偶爾聽到入耳的稱許，會驚喜又驚奇。《七綴集》文字比較明白易曉，也同樣不是普及性讀物。他酷愛詩。我國的舊體詩之外，西洋德、意、英、法原文詩他熟讀的真不少，詩的意境是他深有領會的。所以他評價自己的《詩存》祇是恰如其分。他對自己的長篇小說《圍城》和短篇小說以及散文等創作，都不大滿意。儘管電視劇《圍城》給原作贏得廣泛的讀者，他對這部小說確實不大滿意。他的早年作品喚不起他多大興趣。"小時候幹的營生"會使他"駭且笑"，不過也並不認爲見不得人。誰都有個成長的過程，而且，清一色的性格不多見。錢鍾書常說自己是"一束矛盾"。本《集》的作品不是洽調一致的，祇不過同出錢鍾書筆下而已。

　　錢鍾書六十年前曾對我說：他志氣不大，但願竭畢生精力，做做學問。六十年來，他就寫了幾本書。本《集》收集了他的主要作品。憑他自己說的"志氣不大"，《錢鍾書集》祇能是菲薄的奉獻。我希望他畢生的虛心和努力，能得到尊重。

一九九七年十一月二十一日

作者八十壽辰於北京三里河南沙溝

錢鍾書（一九八七年夏）

余童时从先伯父与先君读书，经史"古文"而外，有「唐诗三百首」心焉好之。独索家塾所有，渐解声律数偶，又渐窥家藏清代名家诗集泛览，及毕业中学，居然自信成章，实则如鹦鹉之学人语耳。所谓「不薄今人爱古人」也，本寡交闻孤陋，幸酬应所不免。且多俳谐嘲戏之篇，我性谵虐，代人捉刀，亦复时有。此类先後篇什，概从削弃，自录一本，销去遭劫火，手写三册分别藏隐，幸免灰烬，去年余大病，绵未积劳成疾衰弊余生，西或欲以余流传「篇什」印为一书未尝不可。绛请余自定，与君曾如风烛草露宜自定诗集，俾免俗手信讹。因助余选定，推敲并力疾手写。余笑谓，他年必有搜括章馀枬翻创获，身蜷虾虐，庶堪为孤文，则揾集代若辈冷淡生活亦不无小补云尔。

一九九四年一月 钱锺书。

作者手跡

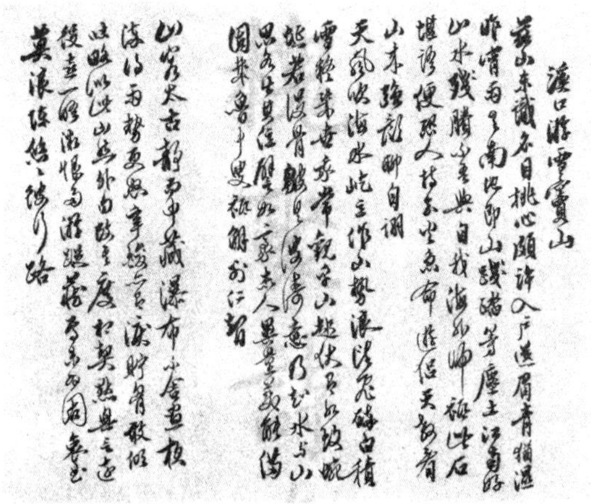

作者手跡

目　次

一九三七年

Edward Fitzgerald 英譯波斯醵醅雅 Rubàiyàt 頌酒之
名篇也第十二章云坐樹蔭下得少麵包酒一甌诗一卷
有美一人如卿者爲侶 and thou 雖曠野乎可作天堂
觀爲世傳誦比有波斯人 A. G. E'Tessam-Zadeh 譯
此雅爲法語頗稱信達初無英譯本爾許語一章云倘得
少酒一清歌妙舞者一女便娟席草臨流便作極樂園主
想不畏地獄諸苦惱耳又一章云有麵包一方羊一肩酒
一甌更得美姝偕焉即處荒煙蔓草而南面王不與易也
Vaux mieux que d'un empire être le Souverain 乃知
英譯剪裁二章爲一反勝原作因憶拉丁詩人 Lucretius
詠物性 De natura rerum 卷二謂哲人寡嗜欲蔭樹臨溪

一九四〇年

目　次

目　次

序

　　余童時從先伯父與先君讀書，經、史、"古文"而外，有《唐詩三百首》，心焉好之。獨索冥行，漸解聲律對偶，又發家藏清代名家詩集泛覽焉。及畢業中學，居然自信成章，實則如鸚鵡猩猩之學人語，所謂"不離鳥獸"者也。本寡交遊，而牽率酬應，仍所不免。且多俳諧嘲戲之篇，幾於譃虐。代人捉刀，亦復時有。此類先後篇什，概從削棄。自録一本，絳恐遭劫火，手寫三册，分別藏隱，幸免灰燼。去年余大病，絳亦積勞成疾，衰弊餘生，而或欲以余流傳篇什印爲一書牟薄利者。絳謂余曰："與君皆如風燭草露，宜自定詩集，俾免俗本傳訛。"因助余選定推敲，並力疾手寫。余笑謂：他年必有搜拾棄餘，矜詡創獲，且鑿空索隱，發爲弘文，則拙集於若輩冷淡生活，亦不無小補云爾。

一九九四年一月錢鍾書

一九三四年

還鄉雜詩

昏黃落日戀孤城，嘈雜啼鴉亂市聲。
乍別暫歸情味似，一般如夢欠分明。

盤餐隨例且充腸，不羨侯鯖入饌噷。
知爲鱸魚歸亦得，底須遠作水曹郎。①

淺夢深帷人未醒，街聲呼徹睡忪惺。
高腔低韻天然籟，也當晨窗喚起聽。

深淺楓如被酒紅，杉松偓寒翠浮空。
殘秋景物穠春色，烘染丹青見化工。

索笑來尋記幾回，裝成七寶炫樓臺。
譬如禁體文章例，排比鋪張未是才。②

---

① 談坡詩，因戲作。
② 梅園一。

未花梅樹不多山，廊榭沉沉黯舊殷。
匹似才人增閱歷，少年客氣半除刪。①

未甘閭里竟浮沉，湖海飄姚有夙心。
一首移文慚列壑，故山如此負登臨。

玉泉山同絳

欲息人天籟，都沉車馬音。
風鈴呦忽語，午塔鬖無陰。
久坐檻生暖，忘言意轉深。
明朝即長路，惜取此時心。

---

① 梅園二。

當步出夏門行

天上何所見？爲君試一陳：
雲深難覓處，河淺亦迷津。
雞犬仙同舉，真靈位久淪。
廣寒居不易，都願降紅塵。

薄暮車出大西路

點綴秋光野景妍，侵尋暝色莽無邊。
猶看矮屋銜殘照，漸送疏林沒晚煙。
眺遠渾疑天拍地[①]，追歡端欲日如年。
義山此意吾能會，不適驅車一惘然。

---

① 《宋史·洪皓傳》載悟室語曰："但恨不能天地相拍耳。"

大　霧

連朝濃霧如鋪絮，已識嚴冬釀雪心。
積氣入渾天未剖，垂雲作海陸全沉。
日高微辨樓臺影，人靜遙聞雞犬音。
病眼更無花恣賞，待飛六出付行吟。

滬西村居聞曉角

造哀一角出荒墟，幽咽穿雲作卷舒。
潛氣經時聞隱隱，飄風底處散徐徐。
乍驚夢斷膠難續，漸引愁來剪莫除。
充耳箏琶容洗聽，雞聲不惡較何如。

秣陵雜詩

非古非今即事詩，杜陵語直道當時。
雲閑天澹憑君看，六代興亡枉費詞。

評量抹淡與妝濃，點綴風光策首功。
除却夭桃紅數樹，一園春色有無中①。

鬢毛未改語音存，憔悴京華拙叩門。
怪底十觴渾不醉，寒灰心事酒難溫②。

栖栖南北感勞生，邱隴田園繫客情。
兩歲兩京作寒食，明年何處度清明③。

虛傳水軟與山溫，莽莽風沙不見春。
京洛名都誇後起，畧同北相貴南人④。

---

① 寓園桃始華。
② 方藝生來共飲酒家。
③ 去歲清明予在北平。
④ 風鑑書謂南人北相者貴。

槐聚詩存

山似論文法可師，故都氣象此難追。
祇如婢學夫人字，宜寫唐臨晉帖詩。

中年哀樂託無題，想少情多近玉溪。
一笑升天難犬事，甘隨黃九墮泥犁①。

桃李冰霜憐頰渦，知窮絕塞走明駝。
歸來抖擻泥沙障，與我京塵較孰多②。

————————————

① 吳雨僧師寄示《懺情詩》。
② 絳書來，言春遊塞外。

倫敦晤文武二弟

見我自鄉至，欣如汝返鄉。
看頻疑夢寐，語雜問家常。
既及尊親輩，不遺婢僕行。
青春堪結伴，歸計未須忙。

牛津公園感秋

彌望蕭蕭木落稀，等閑零亂掠人衣。
此心浪説沾泥似，更逐風前敗葉飛。

綠水疏林影靜涵，秋容秀野似江南。
鄉愁觸撥干何事，忽向風前皺一潭。

一角遙空潑墨深，難將晴雨揣天心。
族雲恰與幽懷契，商畧風前作晝陰。

無主遊絲裊夕陽，撩人一縷故悠揚。
迴腸九曲心重結，輸與風前自在長。

一九三六年

新歲感懷適聞故都寇氛

海國新年霧雨淒，茫茫愁絕失端倪。
直須今昨分生死，自有悲歡異笑啼。
無恙別來春似舊，其亡歸去夢都迷。
縈青積翠西山道，與汝何時得共攜？

贈 絳

捲袖圍裙爲口忙，朝朝洗手作羹湯。
憂卿煙火熏顏色，欲覓仙人辟穀方。

此 心

傷春傷別昔曾經，木石吳兒漸懺情。
七孔塞茅且渾沌，三星鈎月不分明。
聞吹夜笛魂猶警，看動風幡意自平。
漫說此中難測地，好憑心畫驗心聲。

觀 心

息念無如攖物何，一波纔動引千波。
試量方寸玲瓏地，餖飣悲歡貯幾多。

夢食饑人夢赦囚，睡難重覓醒難留。
枕中槐下栖栖甚，身息心還未許休。

四　言

欲調無箏，欲撫無琴。
赤口白舌，何以寫心？

詠歌不足，絲竹勝肉。
漸近自然，難傳衷曲。

如春在花，如鹽在水。
如無却有，悒悒莫解。

繭中有蛹，化蛾能飛。
心中有物，即之忽希。

牛津春事

不見花鬚柳眼，未聞語燕啼鶯。
開戶濛濛細雨，故園何日清明？

微陰未必成雨，閑日殊宜踏春。
風和小出衣減，時復輕寒中人。

關窗推出明月，入幕想無東風。
一夜春來底處，膽瓶杏蕊舒紅。

晦雨無難叫旦，朝晴有鳥啼春。
熙熙想有同樂，百囀難覓解人。

何必冶長解語，不須師曠知音。
入耳忻然有喜，即猶已會於心。

睡　夢

別猶相憶睡全忘，目語心聲兩渺茫。
情最生疏形最密，與君異夢却同牀。

睡鄉分境隔山川，枕坼槐安各一天。
那得五丁開路手，爲余鑿夢兩通連①！

巴黎咖啡館有見

評泊包彈一任人，明燈圍里坐惝惝。
絕憐淺笑輕顰態，難忖殘羹冷炙心。
開鏡凝裝勞屢整，停觴薄酒惜餘斟。
角張今夜星辰是，且道宵深怨與深。

----

① 白行簡《三夢記》云有"兩相通夢"者。

清音河(La Seine)河上小橋(Le Petit Pont)晚眺

萬點燈光奪月光，一弓雲畔掛昏黃。
不消露洗風磨皎，免我低頭念故鄉。

電光撩眼爛生寒，撒米攢星有是觀。
但得燈濃任月淡，中天儘好付誰看。

萊蒙湖邊即目

瀑邊淅瀝風頭濕，雪外嶙峋石骨斑。
夜半不須持挾去，神州自有好湖山。

返牛津瑙倫園
（Norham Gardens）舊賃寓

緇衣抖撒兩京埃，又着菴鐘喚夢回①。
聊以爲家歸亦寄，仍容作主客重來。
當門夏木陰陰合，繞屋秋花緩緩開。
借取小園充小隱，蘭成詞賦謝無才。

---

① 門對修道院。

一九三七年

石遺先生輓詩

幾副卿謀淚①，懸河決溜時②。

百身難命贖，一老不天遺。

竹垞弘通學③，桐江瘦淡詩④。

重因風雅惜，匪特痛吾私。

八閩耆舊傳，近世故殊倫。

蠔荔間三絕⑤，嚴高後一人。

---

① 先生《續詩話》評余二十歲時詩，以湯卿謀、黃仲則爲戒。卿謀《湘中草》卷六《閑餘筆話》云："人生不可不儲三副痛淚。"

② 先生甚賞放翁祭朱子文"傾長河注東海之淚"云云。余按此說本《世說》顧長康自道哭桓公語，一作"懸河決溜"。

③ 先生嘗語余，其生平似竹垞者若干事，集中有詩言之；論清初學人亦最推朱。蓋其博綜畧類。"垞"即"宅"字，古讀入聲。翁叔平《瓶廬詩稿》卷四《重九前一日用壁間韻》："通識豈無朱竹垞，微言況有顧亭林。"自註道此。

④ 先生詩學詩格皆近方虛谷。時人不知有《桐江集》，徒以其撰詩話，遂擬之隨園耳。

⑤ 王弇州《贈閩人佘翔宗漢詩》云："十八娘紅生荔枝，蠔房舌嫩比西施。更教何處誇三絕，爲有佘郎七字詩。"先生集中七絕尤勝於五古。

壞梁逢喪亂，撼樹出交親。

未敢門墻列①，酬知祇愴神。

---

① 宋嚴儀卿之《詩話》、明高廷禮之《品彙》，皆閩賢挹揚風雅、改易耳目
者。先生影響差彷彿之。

Edward Fitzgerald 英譯波斯醻醅雅 Rubàiyàt 頌酒之名篇也第十二章云坐樹蔭下得少麵包酒一甌诗一卷有美一人如卿者爲侶 and thou 雖曠野乎可作天堂觀爲世傳誦比有波斯人 A. G. E'Tessam-Zadeh 譯此雅爲法語頗稱信達初無英譯本爾許語一章云倘得少酒一清歌妙舞者一女便娟席草臨流便作極樂園主想不畏地獄諸苦惱耳又一章云有麵包一方羊一肩酒一甌更得美姝偕焉即處荒煙蔓草而南面王不與易也 Vaux mieux que d'un empire être le Souverain 乃知英譯剪裁二章爲一反勝原作因憶拉丁詩人 Lucretius 詠物性 De natura rerum 卷二謂哲人寡嗜欲蔭樹臨溪藉草以息樂在其中命意彷彿微恨其於食色天性度外

一九三七年

置之則又如司馬談論墨家所謂儉而難
遵矣余周妻何肉免俗未能於酒則竊學
東坡短處願以羊易之戲賦一首

> 浪仙瘦句，和靖梅妻；
> 病俗堪療，避俗可攜。
> 葉濃數樹，水寒一溪。
> 臨流茵草，樂無與齊。
> 簞食瓢飲，餐菊采薇。
> 飯顆苦瘦，胡不肉糜？
> 党家故事，折衷最宜。
> 勿求酒美，願得羊肥。
> 拚夢踏菜，莫醉爛泥。
> 不癯不俗，吾與坡兮！

讀 杜 詩

何處南山許傍邊，茫茫欲問亦無天。
輸渠託命長鑱者，猶有桑麻杜曲田。

漫將填壑怨儒冠，無事殘年得飽餐。
餓死萬方今一概，杖藜何處過蘇端。

一九三八年

哀　望

白骨堆山滿白城，敗亡鬼哭亦吞聲。
熟知重死勝輕死，縱卜他生惜此生。
身即化灰尚齎恨①，天爲積氣本無情。
艾芝玉石歸同盡，哀望江南賦不成。

---

① 馮敬通《說陰就書》曰："齎恨入冥"。

將　歸

將歸遠客已三年，難學王尼到處便。
染血真憂成赤縣，返魂空與闞黃泉。
蜉蝣身世桑田變，螻蟻朝廷槐國全。
聞道輿圖新換稿，向人青祇舊時天。

結束箱書疊篋衣，浮桴妻女幸相依。
家無陽羨籠鵝寄，客似遼東化鶴歸。
可畏從來知夏日，難酬終古是春暉。
田園劫後將何去，欲起淵明叩昨非①。

---

① 將於夏杪買舟赴海上，母、妹等時避難流寓於滬。

巴黎歸國

置家枉奪買書錢，明發滄波望渺然。
背美蝸牛移舍易，腹輸袋鼠挈兒便。
相傳復楚能三戶，倘及平吳不廿年。
拈出江南何物句，梅村心事有同憐。

亞歷山大港花園見落葉
冒叔子景璠有詩即和

綠上枝頭事已非，江湖搖落欲安歸。
詩人身世秋來葉，祝取風前一處飛。

斕斑顏色染秋痕，劇似春花殞後魂。
試問隨風歸底處，江南黃葉已無村。

重過錫蘭訪 A. Kuriyan 博士

祉裯甘蒙熱客譏，昔遊坊巷認依稀。
不殊風景人偏老，有幾華年昨已非。
潭影偶留俄雁過，雪痕終化況鴻飛。
難期後會忍輕別，芥飯椰漿坐落暉。

答 叔 子

篇什周旋角兩雄，狂言頓覺九州空。
一官未必貧能療，三命何嘗詩解窮。
試問浮沉羣僚底，爭如歌嘯亂書中？
後山囑望飛騰速，此意硜硜敢苟同①。

---

① 時見君尊人所著《後山詩箋》。後山贈少年勤曰："飛騰"、"飛揚"，又每用"敢"字作"不敢"解。

再示叔子

卑無高論却成奇，出處吾心了不疑。

未保羣飛天可刺，且容獨立世如遺。

書供枕藉癡何害，詩託呻吟病固宜。

今日朱顏兩年少[1]，宋王官職恐虛期。

謝章行嚴先生書贈橫披[2]

活國吾猶仰，探囊智有餘。

名家堅白論[3]，能事硬黃書。

傳市方成虎，臨淵倘羨魚。

未應閑此手，磨墨墨磨渠。

---

[1] 漁洋《寄漫堂絕句》云："當日朱顏兩年少，王揚州與宋黃州"。

[2] 代家君。

[3] 治邏輯。

陳式圭郭晴湖徐燕謀熙載諸君招集有懷張挺生

蒼生化冢海揚塵，尚喜樽前聚故人。
暫藉羣居慰孤憤，猶依破國得全身。
解憂醇酒難爲力，遭亂文章倘有神。
張儉望門憔悴甚，並無錐卓是真貧。

淚①

卿謀幾副蓄平生，對此茫茫不自禁。
試溯淵源枯見血，教嘗滋味苦連心。
意常如墨湔難淨，情倘爲田灌未深。
欲哭還無方痛絕，漫言洗面與沾襟。

---

① 《西崑酬唱集》卷上有此題六首，戲反其體。

一九三八年

題叔子夫人賀翹華女士畫冊

絕世人從絕域還，丹青妙手肯長閑？
江南劫後無堪畫，一片傷心寫剩山①。

楊陸前遊跡未孤，憑償宿債與江湖。
他年滇蜀歸來日，騎象騎驢索兩圖②。

---

① 畫多在莫斯科所作。
② 謂放翁、升菴。

昆明舍館作

萬念如蟲競蝕心，一身如影欲依形。
十年離味從頭記，爾許淒涼總未經。

屋小檐深晝不明，板牀支凳兀難平。
蕭然四壁埃塵繡，百遍思君繞室行。

苦憶君家好巷坊，無多歲月已滄桑。
綠槐恰在朱欄外，應有濃陰覆舊房①。

未谷芸臺此宦遊，升菴後有質園留。
狂言我愧桑民懌，欲與宗元奪柳州②。

① 絳蘇州宅，亂後他人入室矣。
② 桂馥、阮元、楊慎、商盤，皆入滇之名勝也。

心

往事成塵欲作堆，直堪墟墓認靈臺。
舊遊昔夢都陳跡，拉雜心中瘞葬來。

坐看暝色沒無垠，襟抱淒寒不可溫。
影事上心墳鬼語，憧憧齊出趁黃昏。

一九三九年

寓　夜

袷衣負手獨巡廊，待旦漫漫夜故長。
盛夢一城如斗大，挍天片月未庭方。
才慳胸竹難成節，春好心花尚勒芳。
沉醉温柔商畧遍，黑甜可老是吾鄉。

午　睡

攤飯蕭然晝掩扉，任教庭院減芳菲。
一聲燕語人無語，萬點花飛夢逐飛。
春似醇醪酲不解，身如槁木朽還非。
何心量取愁深淺，栩栩蘧蘧已息機。

叔子寄示讀近人集題句媵以長書盍各異同奉酬十絕

心如水鏡筆風霜，掌故拈來妙抑揚。
月旦人多譚藝少，覃溪曾此説漁洋①。

紛紛輕薄溺寒灰，真惜暮年遲死來。
三復阿房宮賦語，後人更有後人哀②。

嗜好原如面目分，舍長取短亦深文。
自關耆舊無新語，選外蘭亭序未聞③。

比擬梧門頗失公，過庭家學語相同。
啞然數典參傍證，意取詩壇兩録中④。

人情鄉曲慣阿私，論學町畦到品詩。

---

① 翁蘇齋評漁洋《論詩絶句》云然。
② 論石遺先生。
③ 論《近代詩鈔》所選散原初集詩。
④ 《乾嘉詩壇點將録》以法時帆比朱武，《光宣詩壇點將録》以石遺比朱武。

福建江西森對壘，爲君遠溯考亭時①。

臨漢論詩有別裁，言因人廢亦迂哉。
當前杜老連城璧，肯拾涪翁玉屑來。

水最難爲觀海餘，涪翁那得少陵如。
昌黎石鼓摩挲後，便覺羲之逞俗書。

教化何妨廣大看，一長可錄選詩寬。
虛心肯下涪翁拜，揖趙推袁亦所安。

雛鳳無端逐小雞，也隨流派附江西。
戲將鄭婢蕭奴例，門户雖高脚色低②。

摩詰文殊同説法，少陵太白細論詩。
他年誰繼容齋筆，應恨蕭條不並時。

---

① 論《宋詩菁華錄序》。朱子語見《語類》卷百三十九。
② 沈茂倩《野獲編》記高新鄭以鬥雞聯句嘲嚴分宜。蓋明俗呼江西人爲雞。

苦　雨

生憎一雨連三日，亦既勤渠可小休。
石破端爲天漏想，河傾彌切陸沉憂。
徒看助長澆愁種，倘許分沾補愛流①。
交付庭苔與池草，蚓簫蛙鼓聽相酬②。

縢若渠餞別有詩賦答

相逢差不負投荒，又對離筵進急觴。
作惡連朝先忽忽，爲歡明日兩茫茫。
歸心弦箭爭徐急，別緒江流問短長。
莫賦囚山摹子厚，諸峯易挫割愁鋩。

---

① 《文選·王簡栖〈頭陀寺碑〉》："愛流成海"。善註《瑞應經》曰："感傷世間沒於愛慾之海"，似當引《出曜經·愛品第三》曰："愛海者，猶如駛河，流逝於海"，辭更切類。
② 賃寓小園有池，雨後蛙聲如沸矣。

發昆明電報絳

預想迎門笑破顏，不辭觸熱爲君還。
毅然獨客歸初伏①，遠矣孤城裏亂山。
欲去寧無三宿戀，得休已負一春閑。
懸知此夕江南夢，長繞蠻村古驛間。

---

① 時方初伏。

雜　書

初涼似貴人，招請不能致。
及來不待招，又似故人至。
頗怪今年秋，未挾雨張勢。
但憑半夜風，隔日如判世。
勞生慣起早，警寒更無寐。
小女解曲肱，朝涼供酣睡。
一歎朝徒涼，莫與我儕事。

昔者少年時，悲秋不自由。
秋至亦何悲，年少故善愁。
今我年匪少，悲大不屬秋。
丈夫有懷抱，節序焉足尤。
況此紛華地，秋味豈相投。
秋聲所不至，隘巷倚危樓。
樓高了無補，問天總悠悠。

勿喜暑全收，反憂假過半。
婦不阻我行，而意亦多戀。

所願閉門居，無事飽吃飯。
慣與伴小茶，兒戲渾忘倦。
鼠貓共跳踉，牛馬隨呼喚。
自笑一世豪，狎爲稚子玩。
固勝馮敬通，顧弄仍街怨。

性本愛朋侶，畏熱罕詣人。
襫襫程所嘲，剝啄韓亦嗔。
好我二三子，相望不得親。
徐燕謀郭晴湖擅詞翰，陳彝式主亦軼羣。
近鄰喜冒郎叔子，璠也洵魯璠。
折簡酬新涼，茗碗共論文。

雨 不 出

不許閑人作好嬉，遂頭偏值雨澌澌。
已藏日月仍朝夜①，也辨春秋有悦悽②。
棄絶自天如覆水，綿連到地祗生泥。
世間難得虛堂睡，更與堯章續舊題。

叔子贈行有詩奉答

勤來書札慰離情，又此秋凄犯險行。
遠出終輸翁叱犢③，漫遊敢比客騎鯨。
已丁亂世光陰賤，轉爲謀生性命輕。
與子丈夫能壯別，不教詩帶渭城聲。

---

① 徐重光《與陳伯璣書》："雨則有朝夜而無日月。"
② 《侯鯖録》記東坡夫人語："春月使人悦，秋月使人悲。"
③ 放翁詩："叱犢老人頭如雪，羨渠生死不離家。"

對月同絳

分輝殊喜得窗寬，徹骨凝魂未可干。
隘巷如妨天遠大，繁燈不顧月高寒。
借誰亭館相攜賞，勝我舟車獨對看。
一歎夜闌寧秉燭，免因圓缺惹愁歡。

待　旦

夢破拋同碎甑輕，紛孥萬念忽波騰。
大難得睡鈎蛇去①，未許降心縛虎能②。
市籟咽寒方待旦，曙光蝕黯漸欺燈。
困情收拾聊申旦，駝坐披衣不語僧。

---

① 《佛遺教經》：“煩惱毒蛇，睡在汝心。早以持戒鈎除，方得安睡。”
② 山谷《次韻晁以道》：“守心如縛虎”。

一九三九年

遊雪竇山

茲山未識名，目挑心頗許。
入戶送眉青，猶濕昨宵雨。
雲南地即山，踐踏等塵土。
江南好山水，殘剩不吾與。
自我海外歸，此石堪共語。
便恐人持去，火急命遊侶。
天教看山來，強顏聊自詡。

天風吹海水，屹立作山勢。
浪頭飛碎白，積雪疑幾世。
我嘗觀乎山，起伏有水致。
蜿蜒若沒骨，皺具波濤意。
乃知水與山，思各出其位。
譬如豪傑人，異量美能備。
固哉魯中叟，祇解別仁智。

山容太古靜，而中藏瀑布。
不舍晝夜流，得雨勢更怒。

辛酸亦有淚，貯胸肯傾吐。
署似此山然，外勿改其度。
相契默無言，遠役喜一晤。
微恨多遊踪，藏焉未爲固。
衷曲莫浪陳，悠悠彼行路。

田水頗勝師，寺梅若可妻。
新月似小女，一彎向人低。
平生寡師法，開徑自出蹊。
挈我妻女去，酷哉此別離。
老饞方驅後，津梁忽已疲。
行邁殊未歇，且拆骨與皮。
下山如相送，青青勢向西。

寧都再夢圓女

汝豈解吾覓，夢中能再過。
猶禁出庭戶，誰導越山河。
汝祖盼吾切，如吾念汝多。
方疑背母至，驚醒失相訶。

吉安逆旅作

聽雨居然此亦樓，瀟瀟心上合添秋。
空因居獨生深念，未爲閑多得小休。
清苦數峯看露立，蒸騰一突對冥搜。
眼前風物無堪戀，強挽詩人七日留。

耒陽曉發是余三十初度

破曉雞聲欲徹天，沉沉墟里冷無煙。
哦詩直擬陶元亮，誤落塵中忽卅年。

山中寓園

箕踞長松下，橫眠老竹根。
一枝聊可借，三徑已無存。
故物懷喬木，羈人賦小園。
水波風裊裊，搖落更消魂。

窗外叢竹

上窗寫影幾竿竹，葉葉風前作態殊。
蕭瑟爲秋增氣勢，翩翻類客轉江湖。
不堪相對三朝格，漫說何能一日無。
便當此君亭畔物，高材直節伴羈孤。

己卯除夕

別歲依依似別人，脱然臨去忽情親。
寸金那惜平時值，尺璧方知此夕珍。
欲藉昏燈延急景，已拚劫火了來春。
明朝故我還相認，愧對熙熙萬態新。

山居陰雨得許景淵昆明寄詩

改年三日已慳晴，又遣微吟和雨聲。
壓屋天卑如可問，春胸愁大莫能名。
舊遊覓夢容高枕，新計攤書剩短檠。
拈出山城孤館句①，知應類我此時情。

---

① 來詩有云："山城孤館雨瀟瀟。"

一九四〇年

夜　坐

吟風叢竹有清音，如訴昏燈掩抑心。
將欲夢誰今夜永，偏教囚我萬山深。
迮飛不着詩徒作[1]，鑷白多方老漸侵。
便付酣眠容鼠囓，獨醒自古最難任。

新歲見螢火

孤城亂山攢，着春地太少。
春應不屑來，新正忽夏燠。
日落峯吐陰，暝色如合抱。
墨涅輸此濃，月黑失其皎。
守玄行無燭，螢火出枯草。
孤明才一點，自照差可了。

---

[1]　《詩品》袁嘏自言："吾詩有生氣，不捉便飛去。"《南齊書》作"須大材迮之"。

端賴斯物微，光爲天地保。

流輝坐人衣，飛熠升木杪。

從夜深處來，入夜深處杳。

嗟我百年間，譬冥行長道。

未知所稅駕，却曲畏蹉倒。

辨徑仗心光，明滅風螢悄。

二豪與螟蛉，物齊無大小。

上天視夢夢，前途問渺渺。

東山不出月，漫漫姑待曉。

愁

愁挾詩來爲護持，生知愁是賦詩資。

有愁寧可無詩好，我願無愁不作詩。

傍晚不適意行

漸收殘照隱殘巒，鴉點紛還羨羽翰。
暝色未昏微逗月，奔流不舍遠聞湍。
兩言而決無多贅，百忍相安亦大難。
猶有江南心上好，留春待我及歸看。

筆　硯

昔遊睡起理殘夢，春事陰成表晚花。
憂患偏均安得外，歡娛分減已為奢。
賓筵落落冰投炭，講肆悠悠飯煮沙。
筆硯猶堪驅使在，姑容塗抹答年華。

讀　報

詎能求闕換偏安，一角重分馬遠山。
試忖肝腸禁幾截，坐教唇齒失相關。
積塵成世逃終浣，補石完天問亦頑。
吟望少年頭欲白，未應終老亂離間。

小詩五首

日長供小睡，驚起尚忪惺。
角止聲猶裊，夢餘眠已醒。

庭竹驕陽下，清風偶過之。
此時合眼聽，瑟瑟足秋思。

日落銜遙岫，天垂裹小村。
祇資行坐臥，又了晝晨昏。

一九四〇年

庭虛宜受月，無月吾亦罷。
閣閣蛙成市，點點螢專夜。

難覓安心法，聊憑遮眼書。
意傳言以外，夜惜晝之餘。

山齋晚坐

粘日何人解煉膠，待燈簡冊暫時拋。
心無多地書難攝，夜蓄深懷世盡包。
一月掐天猶隱約①，百蟲浴露忽喧呶。
礙眉妨帽堪栖止，大愧玄居續解嘲。

---

① 《元詩選・乙集》元淮《金困吟・端陽新月》："遙看一輪月，掐破楚天青。"

山齋不寐

睡如酒債欠尋常，無計悲歡付兩忘。
生滅心勞身漫息，住空世促夜偏長。
蛙喧請雨邀天聽①，蟲泣知秋弔月亡。
且數檐牙殘滴瀝，引眠除惱得清涼。

遣　愁

歸計萬千都作罷，祇有歸心不羈馬。
青天大道出偏難，日夜長江思不舍。
乾愁頑愁古所聞，今我此愁愁而啞。
口不能言書不盡，萬斛胸中時上下。
恍疑鬼怪據肝腸，絕似城狐鼠藏社。
鯁喉欲吐終未能，捫舌徒存何為者。

---

① 《易林·大過》之《升》、《漸》之《同人》：“蝦蟆羣聚，從天請雨。”

一欸竊比淵明琴，絃上無聲知趣寡。

不平物猶得其鳴，獨我憂心詩莫寫。

詩成喋喋盡多言，譬瘯隔靴搔亦假。

予不好茶酒而好魚肉戲作解嘲

富言山谷贛茶客①，劉斥杜陵唐酒徒②。

有酒無肴真是寡，倘茶遇酪豈非奴。

居然食相偏宜肉，悵絕歸心半爲鱸。

道勝能肥何必俗，未甘飯顆笑形模。

---

① 《宋稗類鈔》富弼謂山谷“只是分寧一茶客”。
② 陸深《停驂録》劉健謂李杜“也只是兩個醉漢”。

山齋涼夜

孤螢隱竹淡收光，雨後宵涼氣蘊霜。
細訴秋心蟲語砌，冥傳風態葉飄廊。
相看不厭無多月，且住爲佳豈有鄉。
如缶如瓜渾未識①，數星飛落忽迷方。

晚　步

野塘水慢浮牛鼻，古道塵旋没馬頭。
亟待清風屠宿暑，便能白露沃新秋。
出門有礙將奚適，落日無涯盡是愁②。
百計不如歸去好，累人暝色倚高樓。

---

① 流星"如缶"、"如瓜"云云，見《後漢書·天文志》。
② 徐仲車《淮之水》："殘陽欲落未落處，盡是人間今古愁。"

中秋夜作

補就青瓷轉玉盤，夜深秋重釀新寒。
不知何處欄干好，許我閑憑借月看。

往年此夕共杯盤，輕別無端約屢寒。
倘得乘風歸去便，窮山冷月讓人看。

涸陰鄉裏牢愁客，徙倚空庭耐嫩寒。
今夜鄜州同獨對，一輪月作兩輪看。

偶　書

非復扶疏翠掃空，辭枝殘葉意侘傺。
牧之惆悵成陰綠，詎識秋來落木風。

張籍劉禹錫觀水感瀾生，不似人心慣不平。
更願此心流比水，落花漂盡了無情。

客裏爲歡事未勝，正如沸水潑層冰。
縱然解得些微凍，繞着風吹厚轉增。

絳書來云三齡女學書見今隸朋字曰此兩月相昵耳喜憶唐劉晏事成詠

穎悟如娘創似翁，正來朋字竟能通。
方知左氏誇嬌女，不數劉家有醜童①。

①　晏神童而貌陋。

一九四〇年

趙雪崧有偶遺忘問稚存輒得原委一詩師其例贈燕謀君好臥帳中讀書

開卷愁無記事珠，君心椰子綽猶餘。
示人高枕臥遊錄，作我下帷行秘書。
不醉謬多寧可恕，善忘老至復何如。
贈詩僭長慚顏厚，爲謝更生解起予。

十月六日夜得北平故人書

回首宣南足悵嗟，遠書吞咽話蟲沙。
一方各對眉新月，何日重尋掌故花。
秋菊春蘭應有種，杜鵑丁鶴已無家。
當年狂態蒙存記，漸損才華益鬢華。

題燕謀詩稿

閉門堪上士，覓句忽中年。
難得膠粘日，端能筆補天。
琢心一絲髮，湧地萬汪泉。
家法東湖在，西江佐刺船。

肩　痛

無人送半臂，子京劇可慕。
遂中庶人風，兩肩如漬醋。
春事歎無多，老形驚已具。
因知風有味，甘辛不與數。
偏似食梅酸，齒牙軟欲蠹。
氣逼秀才寒，情同女郎妒。
喝風良有已，代醋三升故。
豈我吟詩肩，甕醯入偶誤。
不須更乞鄰，但願風可捕。
云何忘厥患，俳諧了此賦。

一九四一年

庚辰除夕

曾聞燒燭照紅妝，守歲情同賞海棠。

迎送由人天夢夢，故新泯界夜茫茫。

污厄敝屣行將棄，殘曆寒爐黯自傷。

一歎光陰離亂際，毋庸珍惜到分芒。

戲 燕 謀

楞園誰子言殊允，作詩作賊事相等①。
苦心取境破天慳，妙手穿窬探襆蘊。
化工意態秘自珍，詎知天定還輸人。
偶然漫與愁花鳥，奇絕詩成泣鬼神。
此中竊亦分鉤國，狡獪偷天比狐白。
誅求造物不傷廉，豈復貪多須戒得。
偷勢終看落下乘，卑無高論皎然式。
昌黎窺盜向陳編，太息佳人爲鈍賊。
夙欽吾子詩才妙，我法行之忽逼肖。
竟如道祖腹中言，可許拂衣引同調。
我欲誠齋戲南湖②，君莫魏收斥邢邵。
詩窖宵來失却匙，知君不拾道行遺。
無他長物一敝帚，留與貧家護享之。

---

① 《乾嘉詩壇點將錄》有楞園先生題詞云："我謂作詩如作賊，橫絕始能躋險絕。"
② 張南湖《懷筠州楊秘監八絕句》自註云："誠齋戲謂君詩中老賊也。"

上元寄絳

上元去歲詩相祝，此夕清輝賞不孤。
今日仍看歸計左，連宵飽聽雨聲粗。
似知獨客難雙照，故得天憐併月無。
造化寧關兒女事，強言人厄比羲蘇。

當子夜歌

妾心如關，守衛嚴甚。
歡竟入來，如無人境。

妾心如室，歡來居中。
鍵戶藏鑰，歡出無從。

妾為刀背，歡作刀口。
歡情自薄，妾情常厚。

哀若渠

闢地起九原，彌天戢一棺。

不圖竟哭子，惡耗摧肺肝。

不信事難許，欲信心未甘。

子壽詎止此，止此寧天慳。

赴死軌獨短，熟視不能攔。

修促事切身，自主乃無權。

亦思與命抗，時至行帖然。

徒令後死者，叩天訟其冤①。

昆明八月居，與子得良遘。

真能畧名位，新知交如舊。

十九人最少②，好句傳眾口。

別來憂用老，髮短面增皺。

撒手子復逝，長往一何驟。

祇有贈我篇，磨滅猶藏袖。

---

① 君有敬通、孝標之恨，遂促天年。
② 君贈予詩云："十九人中君最少，二三子外我誰親。"

乃知人命薄，反不若紙厚。

酸心坡有言，安能似汝壽。

昔者吾將東，賦別借杜詩①。

何意山岳隔，生死重間之。

留命空待我，再見了無期。

撫棺慟未得，負子子倘知。

故鄉陷豺虎，客死古所悲。

禪智山空好，穿冢傍峨眉。

吾聞蜀有鳥，催歸名子規。

魂氣無勿之，爲鬼庶能歸。

子嘗私於我，詩成子每羨。

哭子今有作，詩成子不見。

人死資詩題，忍哉事琢鍊。

---

① 余別君詩云："爲歡明日兩茫茫。"君苦盼余入蜀。

詩人大薄情，輤畢無餘戀。
即工奚益死，況我初非擅。
聊以抒沉哀，未遑事藻絢。
感舊愴人琴，直須焚筆硯。

戲　問

斗酒蒲桃博一州，爛羊頭胃亦通侯。
欲魚何事臨淵羨，食肉毋庸為國謀。
且辦作官拚笑罵，會看取相報恩仇①。
灞橋風雪馱詩物，戲問才堪令僕否？

---

① 昌黎《劉生》詩："往取將相報恩仇。"

又將入滇愴念若渠

城郭重尋恐亦非，眼中人物憖天遺。
學仙未是歸丁令，思舊先教痛子期。
沉魄浮魂應此戀，墜心危涕許誰知。
分看攀折離披了，閱水成川別有悲①。

---

① 君《去滇詩》云："回首昆明湖水畔，繁花高柳尚留人。"

留別學人

擔簽挾筴集英才，漫説春風到草萊。
偶被天教閒處著，遽看朋誤遠方來。
黄茅白葦騰前笑，積李崇桃付後栽。
轉益多師無別語，心胸萬古拓須開。

吴亞森_{忠匡}出紙索書余詩

吳生好古親風雅，翰墨淋漓乞满家。
見役吾非能事者，賞音子別會心耶？
聲如蚓出詩纖弱，跡比鴉塗字側斜。
也自千金珍敝帚，不求彩筆寫簪花。

驟　雨

大暑陵人酷吏尊，來蘇失喜對翻盆。
雷嗔斗醒諸天夢，電笑登開八表昏。
忽噫雄風收雨腳，漸蜷雌霓接雲根。
蒼蒼似爲歸舟地，試認前灘水漲痕。

重九日李拔可丈招集猶太巨商別業

閒置秋光許一尋，閑持茗碗對疏林。
幾人真有登高興，半日聊酬避世心。
叢菊霜殘殊自傲，薄雲風聚不成陰。
海濱此會應難再，那得橫流免陸沉。

一九四二年

辛巳除夕

不容燈火盡情明，禁絕千家爆竹聲。
幾見世能隨曆換，都來歲尚賺人迎。
老饑驅去無南北①，永夜思存遍死生。
好辦杯盤歌拊缶，更知何日是昇平。

有　感

窮而益脆豈能堅，敢説春秋備責賢。
腰折粗官五斗米，身輕名士一文錢。
踏空不着將何去，得飽宜飏却又還。
同妾語傳王百穀，哀矜命薄我猶憐②。

---

① 《中州集》卷十，辛敬之曰："明日道路中，又當與老饑相抗去。"
② 百穀《謝袁相公問病》詩："書生命薄原同妾。"

得龔忍寒金陵書

一紙書伸漬淚酸，孤危契闊告平安。

塵多苦惜緇衣化，日暮遙知翠袖寒。

負氣身名甘敗裂，吞聲歌哭愈艱難。

意深墨淺無從寫，要乞浮提瀝血乾。

大伏過拔可丈憶三年前與叔子謁丈丈賦詩中竹影蟬聲之句感成呈丈

獨來瞻對若為情，碎影疏聲世已更。

搶地竹憐生節直，過枝蟬警舉家清。

如翁足吐詩人氣，剩我應專熱客名。

不假汗淋嘲學士，北窗涼共有誰爭。

酷暑簡拔翁

墨巢老子黃陳輩，毒熱形骸費自持。
應指中天呼曷喪，欲提下界去安之①。
烏鞾席帽翻江夢，白牯青奴待雨欹。
爲訊作叢新長竹，蕭蕭可解起秋思。

立 秋 晚

枕席涼新欲沁肌，流年真歎暗中移。
已聞蟋蟀呼秋至，漸覺燈檠與夜宜。
一歲又偸兵罅活，幾絇能織鬢邊絲。
暮雲不解爲霖雨，閑處成峯祇自奇。

---

① 王廣陵《暑旱苦熱》詩："不能手提天下往。"

示 燕 謀

去年六月去湖南，與子肩輿越萬山。
地似麻披攢石皺，路如香篆向天彎。
祇看日近家何遠，豈料居難出更艱。
差喜捉籠囚一處，伴鳴破盡作詩慳。

少陵自言性癖耽佳句有觸余懷因作

七情萬象強牢籠，妍秘安容刻劃窮。
聲欲宣心詞體物，篩教盛水網羅風。
微茫未許言詮落，活潑終看捉搦空。
才竭祇堪耽好句，繡鞶錯彩賭精工。

出門一笑對長江，心事驚濤爾許狂。
滂沛揮刀流不斷，奔騰就範隘而妨。
斂思入句諧鐘律，凝水成冰截璐方①。
參取逐波隨浪句②，觀河吟鬢賺來蒼。

———————————

① 韋蘇州《冰賦》："方如截璐。"
② 《傳燈續録》卷二《雲門三絶句》，有"隨波逐浪"句。

一九四二年

題某氏集

掃葉吞花足勝情，鉅公難得此才清。
微嫌東野殊寒相，似覺南風有死聲。
孟德月明憂不絕，元衡日出事還生。
莫將愁苦求詩好，高位從來識易成。

沉　吟

史筆誰能繼謝山，詞嚴義正宅心寬。
七賢傳倘他年續①，個裏沉吟位汝難。

王周通問私交在，蘇李酬詩故誼深。
慚愧叔鸞能勇決，揮刀割席更沉吟②。

---

① 《七賢傳》見《鮚埼亭集外編》卷十二。
② 王褒、周弘讓、陽斐。

贈鄭海夫朝宗

清華昔共學，踪跡竟相左。
殆天故靳子，留慰今日我。
譬如蔗有根，遲食頤愈朵。
當時少年遊，流離感尾瑣。
亂世夙難處，儒冠更坎坷。
粃糠六籍人，身不禁揚簸。
今雨復誰來，子一已爲夥。
時時過陋室，書亂與爭坐。
儼然意如山①，道義克負荷。
伊予何足算？說食腹未果。
詩書慣作祟，文字憂召禍。
筆硯倘遭焚，灼天熊兵火。
子鄉嚴又陵，才辯如炙輠。

---

① 《春秋繁露·山川頌》："儼然獨處，唯山之意。"

邱索有餘師①，毋使先型墮。

陸沉與盲瞽②，兩免庶乎可。

———————

① 王式通輓嚴幾道聯："誰使之憂傷憔悴以死，是能讀邱索墳典之才。"

② 《論衡》："知古而不知今謂之盲瞽，知今而不知古謂之陸沉。"

傷張蔭麟

清晨起讀報，失聲驚子死。
天翻大地覆，波雲正譎詭。
絕知無佳訊，未忍置不視。
赫然阿堵中，子佔一角紙。
大事記餘墨，爲子書名字。
厥生固未榮，死哀斯亦止。
猶蒙稽古力，匪然胡及此。
吳先齋頭飯，識子當時始。
南荒復再面，闊別遂萬里。
賦詩久已刪，悲子亦不起。
夙昔矜氣隆，齊名心勿喜。
舜欽負詩字，未屑梅周比。
時人那得知，語借頗中理。
忽焉今聞耗，增我哀時涕。
氣類惜惺惺，量才抑末矣。
子學綜以博，出入玄與史。
生前言考證，斤斤務求是。

乍死名乃訛，蔭蔓訌魚豕①。

翻成校讎資，待人辨疑似。

子道治子身，好還不少俟。

造化固好弄，非徒奪命爾。

吾徒甘殉學，吁嗟視此士。

龍場丞有言，吾與汝猶彼②。

答 叔 子

龍性官中想未馴，書生端合耐家貧。

斂非瀾倒迴狂手，立作波搖待定身。

九牧聲名還自累，羣居語笑向誰真。

白頭青鬢交私在，宛轉通詞意不伸。

---

① 滬報皆作"張蔓麟"。

② 吳雨僧師招飯於藤影荷聲之館，始與君晤。余賦詩有"同門堂陛讓先登，北秀南能忝並稱"等語。

贈宋悌芬淇君索觀談藝錄稿

微言妙質得誰如，年少東來信起予。
將母嘔心休覓句，紹翁剖腹肯留書①。
人尨恰辨竹兼肉，文古能窮柳貫魚。
疏鑿詩中慚出手，君家緒有茗香餘。

---

① 君先人宋春舫先生藏西籍書甚富。《中州集》卷十元遺山兄敏之詩自註：
"先人臨終有剖腹留書之囑。"

剥 啄 行

到門剥啄過客誰，遽集於此何從來？
具陳薄海苦鋒鏑，大力者爲蒼生哀。
舊邦更始得新命，如龍虎起風雲隨。
因餘梁益獨崎嶇，恃天險敢天心違。
張銘譙論都勿省①，却誇正統依邊陲。
當年蛙怒螳螂勇，堪嗤無濟尤堪悲。
私門出政賄爲國，武都惜命文貪財。
行諸不義自當敗，冰山倒塌非人推。
迂疏如子執應悟，太平興國須英才。
我聞謝客蹷然起，罕譬而喻申吾懷。
東還昔歲道交趾，餘皇銜尾滄波湄。
樓船穹窿極西海，疏櫺增檻高崔巍。
毳旄氍蓋傳蠟板，頗黎窗隙流蘇帷。
金渠玉鑑月爛掛，翠被錦裯雲暖堆。
大庖珍錯靡勿有，黿脑鯨膾調龍醢。
臨深載穩如浮宅，海童效命波蹊開。

----

① 張載《劍閣銘》、譙周《仇國論》。

槐聚詩存

吾舟偪仄不千斛，侍側齊大殊非儕。
一艙壓夢新婦閟，小孔通氣天纔窺。
海風吹臭雜人畜，有豕彭亨馬虺隤。
每餐箸舉下無處，饑猶饜蝱嗟身羸。
船輕浪大一顛蕩，六腑五臟相互回。
鄰舫呂屠筆難狀①，以彼易此吾寧爲。
彼舟鷁首方西指，而我激箭心東歸。
擇具代步乃其次，出門定嚮先無乖。
如登彼岸惟有筏，中流敢捨求他材。
要能達願始身託，去取初非視安危。
顛沛造次依無失，細故薄物何嫌猜。
豈小不忍而忘大，吾言止此君其裁。
客聞作色拂袖去，如子誠亦冥頑哉！
閉門下帷記應對，彼利錐遇吾鈍椎。
此身自斷終不悔，七命七啓徒相規。

---

① 呂星垣《鐵艦行》、屠寄《火輪船賦》。

一九四三年

斯　世

斯世非吾世，何鄉作故鄉？
氣猶埋劍出，身自善刀藏。
樸學差成札，芳年欲縮楊。
分才敢論斗，愁固斛難量。

古　意

瑠札迢迢下碧城，至今耦意欠分明。
心如紅杏專春鬧，眼似黃梅詐雨晴。
每自損眠辜遠夢，未因賺恨悔多情。
何時鏟盡蓬山隔，許傍妝臺卜此生。

題新刊聆風簃詩集

良家十郡鬼猶雄，頸血難償竟試鋒。
失足真遺千古恨，低頭應愧九原逢①。
能高踪跡常嫌近②，性毒文章不掩工③。
細與論詩一樽酒，荒阡何處酹無從。

古　意

自君之出鏡臺昏，無縫綢寒孰共溫。
屋角蛛懸引絲緒，泥中牛踏滿蹄痕。
錦機空織難成匹，石闕長銜未敢言。
莫似欄橫終不設，兒家烏柏認當門。

---

① 吳梅村《古意》："手把定情金合子，九原相見尚低頭。"
② 朱子《答鞏仲至》(之四)："嘗憂放翁跡太近，能太高。"
③ 王弇州《袁江流》："孔雀雖有毒，不能掩文章。"

一九四三年

故　國

故國同誰話劫灰，偷生坯戶待驚雷。

壯圖虛語黃龍搗，惡讖真看白雁來。

骨盡踏街隨地痛，淚傾漲海接天哀。

傷時例託傷春慣，懷抱明年倘好開。

鄉人某屬題哭兒記兒從軍沒緬
甸其家未得耗叩諸乩神降
書盤曰歸去來兮胡不歸

一篇破體寫哀呻，淚墨模糊兩不分。

空讖歸來陶令句，莫知存歿李華文。

茫茫入夢應迷向，惻惻吞聲竟斷聞。

四萬義軍同日盡，世間兒子漫紛紛。

春　風

春風恰似解相欺，繚亂繽紛也滿蹊。
宿命沉淪花墮溷，禪心安隱絮和泥。
含情欲拾人沾臆①，得意休踩馬避蹄②。
姑待陰成秋隕葉，好教物論漆園齊。

病榻聞鳩

報晴阮滑一鳩呼，臥榻昏騰醒病夫。
綠潤意根生草木，清泠胸境拓江湖。
棲梁久絕呢喃燕，啄屋應多腷膊烏。
惱煞夷場囂十里，可容長着此聲無。

---

① 北魏《楊白花歌》："含情出戶腳無力，拾得楊花淚沾臆。"
② 宋張公庠（一作李元膺）《絕句》："馬蹄無處避殘紅。"

胡丈步曾遠函論詩却寄

汲古斟今妙寡雙，袖攜西海激西江。
中州無外皆同壤，舊命維新豈陋邦。
烽火遠書金可抵，丹鉛退筆鼎難扛。
不乾捫有談詩舌，掛壁年來氣亦降①。

病　起

芳時屢負挽難回，掃地東風杖起纔。
一病經春如有例，百花從此不須開。
薔薇吹老堆庭刺，桃李飄殘滿院苔。
輸與寒郊能得意，長安看盡紫紅來。

---

① 《五燈會元》卷十一風穴延沼章次：“問：如何是諦實之言？師曰：口懸壁上。”山谷《贈別李端叔》：“古來得道人，掛舌屋壁間。”

答悌芬

海內文章孰定評，觀書月眼子能明。
年來漸似歐陽九，不畏先生怯後生①。

古 意

袷衣寥落臥騰騰，差似深林不語僧。
搗麝捵蓮情未盡，擘釵分鏡事難憑。
槎通碧漢無多路，夢入紅樓第幾層。
已怯支風慵借月，小園高閣自銷凝。

① 歐公語“不畏先生嗔，都怕後生笑”，見《寓簡》卷八。

一九四四年

甲申元旦

纏天兵氣慘難春，日曆無端判故新。
稍慰哀情聞吉語，強開惡抱答佳辰。
才名薄俗宜遭賤，世味貧家最識真。
不肯教閑書勝筆，偶拈題句已如神。

雨中過拔可丈不值丈有詩來即和

泥行活活到門苔，不見差如興盡回。
款戶客能今雨至，隔墻花想殿春開。
欲歌獨漉愁深水，敢哭窮途起濕灰。
幽草天憐晴未晚，吳郎會訪杜陵來。

見金臺殘淚記中小郤語感作

才人失職誤儒冠，等畜倡優意亦安。
自悼駿公歌紫稼，同悲容甫弔湘蘭。
相憐不必相知雅，未嫁還如未第看。
一歎掩書何彼此①，無多殘淚爲新彈②。

近　事

藕孔逃逃到幾時，斤將傷鼻火然眉。
回心急作明朝計，折節甘交昨暮兒③。
分與杯羹無乃忍，相容斗粟亦堪疑。
生涯自斷興龍柏，便有春風總不知④。

---

① 張亨甫《殘淚記》卷三："小郤嘗坐而歎，余偶問何歎，即應曰：'彼此同歎。'"

② 靳价人《吳詩集覽》謂《王郎曲》乃梅村自傷之作。

③ 《隋書·蘇威傳》何妥曰："反爲昨暮兒之所屈。"

④ 《皇朝文鑑》卷二十七張在《題興龍寺老柏院》："唯有君家老柏樹，春風來似不曾來。"即太白《擬古十二首》所謂"青松豈知春"也。

一九四四年

中秋夜月

赢得兒童盡笑歡，盈盈露洗掛雲端。
一生幾見當頭滿，四野哀嗷徹骨寒。
樓宇難歸風劫借，山河普照影差完。
舊時碧海青天月，觸緒新來未忍看。

生　日

行藏祇辦倚欄干，勳業年來鏡懶看。
書癖鑽窗蜂未出，詩情繞樹鵲難安①。
老侵氣覺風雲短，才退評蒙月旦寬。
輸與子山工自處，長能面熱却心寒②。

---

① 《風月堂詩話》載李清照句："詩情如夜鵲，三匝未能安。"
② 庾信《擬詠懷》："其面雖可熱，其心常自寒。"

一九四五年

乙酉元旦

倍還春色渺無憑，亂裏偏驚易歲勤。

一世老添非我獨，百端憂集有誰分。

焦芽心境參摩詰，枯樹生機感仲文。

豪氣聊留供自暖，吳簫燕筑斷知聞。

徐森玉丈鴻寶間道入蜀話別

春水生宜去，青天上亦難。

西江望活鮒，東海羨逃鰻。

送遠自崖返，登高隔隴看。

圍城輕託命，轉賺祝平安。

一九四五年

清明口號

清明時節雨昏沉，名喚清明濫到今。
也似重陽無實際，滿城風雨是重陰。

陳病樹丈_{祖壬}居無廬圖屬題

上岸牽船事已違，田園歸計亦悠哉。
月明烏鵲無依止，日夕牛羊欲下來。
覓句生憎門莫閉，看山竊喜壁都開。
他年流布丹青裏，通老移家惹俗猜①。

---

① 《後村題跋》有《楊通老移家圖》。

賀病樹丈遷居

高詞險語拓心胸，一笑掀髯教主同[1]。
佳客幽栖過杜甫，傍人敞宅認揚雄。
書探囊底談無了，酒罄樽中坐不空。
倘有鄰居酬叫者，胡牀來聽舌生風[2]。

空 警

太空滓穢片雲浮，惴惴時驚屋打頭。
雷擊忽隨殷帝射，天崩合作杞人憂。
乍看隕石過飛鷁，疾下金烏啄赤虯。
自歎摧藏英氣減，尚容失箸解嘲不？

---

[1] 龔定庵《賀新涼》詞自註："與諸君談藝，王子梅以教主目之。"
[2] 《南齊書·張岱傳》："顏延之於籬邊胡牀坐聽岱與客語，不復酬叫。"

拔丈七十

老去松心見後雕，危時出處故超超。
一生謝朓長低首，五斗陶潛不折腰。
工却未窮詩自瘦，閑非因病味尤饒。
推排耆碩巍然在，名德無須畏畫描。

當年客座接風儀，亂後追隨已恨遲。
如此相豐宜食肉，依然髭短爲吟詩。
不勞成竹咒新笋，絕愛着花無醜枝。
翰墨伏波真矍鑠，天留歌詠太平時。

一九四六年

還　家

出郭青山解送迎，劫餘彌怯近鄉情。

故人不見多新冢，長物原無祇短檠。

重覓釣遊嗟世換，慣經離亂覺家輕。

十年着處迷方了，又臥荒齋聽柝聲①。

暑　夜

坐輸希魯有池亭②，陋室臨街夜不扃。

未識生涼何日雨，仍看替月一天星。

慢膚多汗身爲患，赤腳層冰夢易醒。

白羽指揮聊自許，滿懷風細亦清泠。

---

① 寇亂前報更舊俗未改。

② 《困學紀聞》卷十五：“蔣堂居姑蘇，謂盧秉曰：‘亭沼初適，林木未就’。”

一九四七年

秋　懷

啼聲漸緊草根蟲，似絮停雲抹暮空。
疏落看憐秋後葉，高寒坐怯晚來風。
身名試與權輕重，文字徒勞計拙工。
容易一年真可歎，猶將有限事無窮①。

中秋日陰始涼

肉山忽釋火雲憂，爽氣登教滯暑收。
月淡翻輸常夜皎，風涼趁作後時秋。
老知節物非吾事，饞愧杯盤與婦謀。
乍對書燈青有味，何勞高處望瓊樓！

---

① 時寫定《談藝錄》付印。

周振甫和秋懷韻再用韻奉答君時爲余勘訂談藝録

伏處嚘嚘語草蟲，虛期金翮健摩空。
班荆欲賦來今雨，掃葉還承訂別風。
臭味同岑真石友，詩篇織錦妙機工。
祇慚多好無成就，貽笑蘭陵五技窮。

一九四八年

草山賓館作

空明丈室面修廊，睡起憑欄送夕陽。

花氣侵身風入帳，松聲通夢海掀牀。

放慵漸樂青山靜，無事方貪白日長。

佳處留菴天儻許，打鐘掃地亦清涼①。

贈喬大壯先生

一樓波外許摳衣，適野寧關吾道非。

春水方生宜欲去，青天難上苦思歸。

耽吟應惜拈髭斷，得酒何求食肉飛②。

着處行窩且安隱，傳經心事本相違。

---

① 《樊南乙集·序》："方願打鐘掃地，爲清涼山行者。"

② 先生思歸蜀，美髯善飲。

叔子索書扇即贈

夢覺須臾撫大槐，依然抑塞歎奇才。
放歌斫地身將老，忍淚看天意更哀。
待定微波姑佇立，傷歧前路小遲迴①。
清江酒渴憑吞却，莫乞金莖露一杯②。

謝振甫贈紙

祇辦秋蛇春蚓，幾曾鐵畫銀鈎。
三真六草誰子，君莫明珠暗投。

子安有稿在腹，子野成文於心。
真慚使紙如水③，會須惜墨似金。

---

① 《晉書·王彪之傳》："自可更小遲迴。"
② 君前日遊春，過相識女郎家乞漿，遂病。故戲之。
③ 孔平仲《朝散集》卷一《使紙甚費》五古："家貧何所費，使紙如使水。"

一九四九年

尋　詩

尋詩爭似詩尋我，佇興追逋事不同。
巫峽猿聲山吐月，瀟橋驢背雪因風。
藥通得處宜三上，酒熟鈎來復一中。
五合可參虔禮譜，偶然欲作最能工。

一九五〇年

答　叔　子

京華憔悴望還山，未辦平生白木鑱。
病馬漫勞追十駕，沉舟猶恐觸千帆。
文章誤盡心空嘔，餔餟勤來口不縅。
絶倒厚顏叨薄倖，盧陵米與趙州衫。

同調同時託勝流，全韜英氣被清愁。
座中變色休談虎，衆裏呼名且應牛。
慣看浮雲知世事，懶從今雨數交遊。
宋王位業言猶在，贏得華年尚黑頭。

一九五二年

生　日

身心着處且安便，局趣容窺井上天。
拂拭本來無一物，推擠不去亦三年。
昔人梵志在猶未，今是莊生疑豈然。
聊借令辰招近局①，那知許事蛤蜊前。

劉大杰自滬寄詩問訊和韻

春申林際望漫漫，曩日詩盟未渠寒。
心事流螢光自照②，才華殘蠟淚將乾。
忻聞利病摭千古，會見招邀并二難。
爲道西山多爽氣，何時杖策一來看？

① 與家人及周生節之共飲市樓。
② 來書言久罷文酒之集，方改訂《中國文學史》。

一九五三年

答叔子花下見懷之什

槁木寒巖萬念灰，春回渾似不曾回。
陳人何與芳菲事，猶賺花前遠憶來。

兔毫鈍退才都盡，馬齒加長鬢已蒼。
端賴故人相慰藉，不增不減是疏狂①。

桃情柳思爲誰春？詩老遒頭跡已陳。
悵絕一抔花下土，去年猶是賞花人②。

映河面皺看成翁，參到楞嚴法相空。
輸汝風流還自賞，臨波照影學驚鴻③。

---

① 來詩云："書來北客狂猶昔。"
② 悼拔翁。余與君皆每歲與墨巢賞花之集。
③ 來詩云："照影方塘瑟瑟波。"

叔子重九寄詩見懷余久未答
又承來訊即和其韻

情懷驗取報書遲，霜鬢爭須四海知。
且許營巢勞幕燕，聊堪生子話鄰狸①。
是非忽已分今昨，進止安容卜險夷。
夢裏故園松菊在，無家猶復訂歸期。

---

① 鄰貓生子云云，本梁任公《新史學》引語。

蘇淵雷和叔子詩韻相簡又寫示寓園花事絕句即答仍用叔子韻淵雷好談禪

祇爲分明得却遲①，道腴禪藻負相知。

指名百體慚捫象②，順向諸根好學狸③。

別院木樨無隱閟，當窗茂草不芟夷。

灌園憑剪吳淞水，萬紫千紅沒了期。

---

① 《五燈會元》卷二十大慧曰："祇爲分明極，翻令所得遲。"按此乃裴説《鷺鷥》詩頸聯。"祇"原作"却"。

② 《莊子·則陽》"指馬之百體而不得馬"，即《長阿含經》第三十《世紀經·龍鳥品》第五生盲人摸象之旨。

③ 《禮記·射義》："以狸首爲節。"皇侃疏引舊解，即《續傳燈録》卷二十二黃龍論求道如"貓兒捕鼠，諸根順向"之旨。

一九五四年

大杰來京夜過有詩即餞其南還

情如秉燭坐更闌，惜取勞生嚮晚閒。
欲話初心同負負，已看新鬢各斑斑。
感君難黍尋前約，使我鱸蓴憶故山。
預想迎門人一笑，好風吹送日邊還。

容安室休沐雜詠

曲屏掩映亂書堆，傢俱無多位置纔。
容膝易安隨處可，不須三徑羨歸來。

漸起人聲昏曉際，難追夢境有無間。
饒渠日出還生事，領取當前倚枕閒。

盆蘭得暖暗抽芽，失喜朝來競吐花。

灌溉戲將牛乳潑，晨餐分減玉川茶①。

翛然鳳尾拂階長，檐蔔花開亦道場。
楚楚最憐腸斷草，春人憔悴對秋娘②。

積李崇桃得氣先，折來芍藥尚餘妍。
祇禁幾次瓶花換，斷送春光又一年。

音書人事本蕭條，廣論何心續孝標。
應是有情無着處，春風蛺蝶憶兒貓③。

如聞車馬亦驚猜，政用此時持事來④。
爭得低頭向暗壁，萬千呼喚不能迴。

---

① 余十餘年來朝食啜印度茗一巨甌。
② 皆齋頭物。
③ 來京後畜一波斯貓，遷居時走失。
④ 假日仍有以文字見役者。

一九五四年

醇酒醉人春氣味，酥油委地懶形模①。
日遲身困差無客，午枕猶堪了睡逋。

鶯啼花放縠紋柔，少日情懷不自由。
一笑中年渾省力，漸將春睡當春愁。

嚮晚東風着意狂，等閒殘照下西牆。
乍緣生事嫌朝日，又爲無情惱夕陽。

生憎鵝鴨惱比鄰，長負雙柑斗酒心。
語燕流鶯都絕跡，門前閒煞柳成陰。

裊裊鵝黃已可攀，梢頭月上足盤桓。
垂楊合是君家樹，並作先生五柳看②。

---

① 《雜阿含經》卷二十二：“不能自立，猶如酥油委地。”
② 入住時，絳於門前種柳五株，已成陰矣。

一九五五年

重九日雨

催寒徹夜聽淋浪，憶說江南未隕霜。
我自登臨無意緒，不妨風雨了重陽。

佳辰未展興先闌，泉下尊前感萬端。
筋力新來樓懶上，漫言高處不勝寒。

一九五六年

置水仙種於瓦盆中覆以泥
花放賦此賞之

玉潤金明絕世妝，參差顧影畫屏傍。

重帷曲室溫爐火，不假風來自送香。

枕泉漱石都無分，帶水拖泥也合休。

好向凌波圖裏認①，濁流原不異清流。

① 趙子固有《凌波圖》，畫此花。

向覺明達屬題 Legouis 與 Cazamian 合著英國文學史①

火聚刀林試命回，又敦夙好撥寒灰。
荒城失喜書棚在，也當慈仁寺裏來②。

費盡胭脂畫牡丹，翻新花樣入時難。
覆瓿吾與君猶彼，他日何人訪冷攤③。

一瓻書借誠癡事，雙淚珠還亦苦心。
太息交遊秋後葉，枝頭曾見綠成陰。

---

① 君四年前自朝鮮歸，道出安東，得之故書攤。爲人借去，久假不歸。比以事絕交，書遂還。
② 清初慈仁寺廊下爲舊書聚處，見孔東塘《燕臺雜興》詩。
③ 二十餘年前此書盛行，今則芻狗已陳矣。

一九五七年

赴鄂道中

路滑霜濃喚起前，老來離緒尚纏綿。
別般滋味分明是，舊夢勾回二十年。

晨書暝寫細評論，詩律傷嚴敢市恩。
碧海掣鯨閒此手，祇教疏鑿別清渾①。

白沙彌望咽黃流，留得長橋閱世休。
心自搖搖車兀兀，三年五度過盧溝。

弈棋轉燭事多端，飲水差知等暖寒。
如膜妄心應褪淨，夜來無夢過邯鄲。

駐車清曠小徘徊，隱隱遙空碾懣雷。
脫葉猶飛風不定，啼鳩忽喋雨將來。

---

① 《宋詩選註》脫稿付印。

一九五八年

叔子五十攬揆寄詩遙祝即送入皖

廿載論交指一彈，移枝栖息祝平安。

鏡中青鬢朱顏駐，詩裏黃山白嶽蟠①。

差喜斂狂能止酒，更期作健好加餐。

然脂才婦長相守，粉竹金松共歲寒。

---

① 放翁《過靈石三峯》："拔地青蒼五千仞，勞渠蟠屈小詩中。"

一九五九年

淵雷書來告事解方治南華經

塞雪邊塵積鬢斑，居然樂府唱刀鐶。
心游秋水無窮境，夢越春風不度關。
引咎敢尤人下石，加恩何幸案移山。
五年逋欠江南睡，瓶鉢行看得得還。

龍榆生寄示端午漫成絕句
即追和其去年秋夕見懷韻

知有傷心寫不成，小詩淒切作秋聲。
晚晴儻許憐幽草，末契應難託後生。
且借餘明鄰壁鑿，敢違流俗別蹊行。
高歌青眼休相戲，隨分薑鹽意已平。

偶見二十六年前爲絳所書詩册
電謝波流似塵如夢復書十章

廿載猶勞好護持，氣粗語大舊吟詩。
而今律細才偏退，可許情懷似昔時。

少年情事宛留痕，觸撥時時夢一溫。
秋月春風閒坐立，懊儂歡子看銷魂。

纈眼容光憶見初，薔薇新瓣浸醍醐。
不知齦洗兒時面，曾取紅花和雪無。

遠行汗漫共乘槎，始識勞生未有涯。
從此繙書拈筆外，料量柴米學當家。

弄翰然脂詠玉臺，青編粉指更勤開。
偏生怪我耽書癖，忘却身爲女秀才。

世情搬演栩如生，空際傳神着墨輕。
自笑爭名文士習，厭聞清照與明誠。

一九五九年

荒唐滿紙古爲新，流俗從教幻認真。
惱煞聲名緣我損，無端説夢向癡人①。

百宜一好是天然，爲説從來鏡懶看。
拈出夭韶餘態在，恰如詩品有都官。

雪老霜新慣自支，歲寒粲粲見冰姿。
暗香疏影無窮意，桃李漫山總不知。

黃絹無詞誇幼婦，朱弦有曲爲佳人。
繙書賭茗相隨老，安穩堅牢祝此身。

---

① 余小説《圍城》出版，頗多癡人説夢者。

一九六一年

秋　心

樹喧蟲默助淒寒，一掬秋心攬未安。
指顧江山牽別緒，流連風月逗憂端。
勞魂役夢頻推枕，懷遠傷高更倚欄。
驗取微霜新點鬢，可知青女欲饒難。

松堂小憩同絳

桃夭李粲逞娉婷，擁立蒼官似列屏。
花鬍蜂喧方引睡，松顛鵲語忽噴醒。
童心欲競湖波活，衰鬢難隨野草青。
共試中年腰腳在，更窮勝賞上山亭。

叔子病起寄詩招遊黃山

病餘意氣尚騫騰，想見花間着語能。
老手詩中識途馬，壯心酒後脫韝鷹。
凋疏親故添情重，落索身名免謗增。
欲踏天都酬宿諾，新來筋力恐難勝。

答 燕 謀

兄事肩隨四十年，老來猶賴故人憐。
比鄰學舍燈穿壁，結伴歸舟海拍天。
白露兼葭成道阻，春風桃李及門妍。
何時北駕南航便，商畧新詩到茗邊。

一九六五年

喜得海夫書並言譯書事

乖違人事七年中，失喜書來趁便風。
虛願雲龍同下上，真看勞燕各西東。
斂才光焰終難閟，諧俗圭棱倘漸礱。
好與嚴林爭出手，十條八備策新功①。

---

① 《高僧傳》二集卷二載隋僧彥琮《辯正論》，定"十條"、"八備"爲翻譯
之式。幾道、琴南皆君鄉獻也。

一九六六年

叔子書來自歎衰病遲暮
余亦老形漸具寄慰

蕉樹徒參五蘊空，相憐豈必病相同。
眼猶安障長看霧，心亦懸旌不待風。
委地落花羨飛絮，棲洲眠鷺夢征鴻。
與君人世推排久，白髮無須歎未公。

一九七三年

叔子書來並示近什

書來行細報平安，因病能閒尚屬官。
得醉腸猶起芒角，耽吟心未止波瀾。
一流頓盡驚身在，六夢徐回視夜闌。
爲報故人善消息①，殘年飽飯數相看。

---

① 晉、齊法帖中"善消息"即後世語"好將息"也。《晉書·謝玄傳》云："詔遣高手醫一人，令自消息。"

再答叔子

四劫三災次第過，華年英氣等銷磨。

世途似砥難防穽，人海無風亦起波。

不復小文供潤飾，倘能老學補蹉跎①。

鬢青頭白存詩句②，卅載重拈爲子哦。

偶見江南二仲詩因呈振甫

同門才藻說時流，吟卷江南放出頭。

別有一身兼二仲③，老吾談藝欲尊周。

---

① 曹植《與楊德祖書》，有"小文"請敬禮"潤飾之"。《三國志·吳書·呂蒙傳》裴註引《江表傳》孫權謂："孟德亦自謂老而好學"；《魏書·武帝紀》裴註引《英雄記》太祖自稱"長大而能勤學"。

② 一九四二年寄叔子詩有云："白頭青鬢交私在。"

③ 摯仲洽、鍾仲偉。

一九七四年

老　至

徒影留痕兩渺漫，如期老至豈相寬。

迷離睡醒猶餘夢，料峭春回未減寒。

耐可避人行別徑，不成輕命倚危欄。

坐知來日無多子，肯向王喬乞一丸？

王辛笛寄茶

降魔破睡懶收勳，長日昏騰隱几身。
却遣茶嬌故相惱，從來佳茗比佳人。

雪壓吳淞憶舉杯，卅年存歿兩堪哀①。
何時榾柮爐邊坐，共撥寒灰話劫灰？

辛笛寄詩奉答

異縣他鄉惠好音，詩盟卅載許遙尋。
看將歎逝士衡意，併入傷春子美吟。
似雪千莖搔短髮，如灰一寸覓初心。
來遊期汝能乘興，燈火青熒話夜深。

---

① 憶初過君家，冬至食日本火鍋。同席中徐森玉、李玄伯、鄭西諦三先生、陳麟瑞君，皆物故矣。

一九七五年

振甫追和秋懷韻再疊酬之

楊雲老不悔雕蟲，未假書空且叩空。

迎刃析疑如破竹，擘流辨似欲分風。

貧糧惠我荒年穀，利器推君善事工。

一任師金笑芻狗，斯文大業炳無窮。

一九七五年

西蜀江君駿卿不知自何處收得余二十二歲所作英文文稿藏之三十年寄燕謀轉致並索賦詩以志

壯年堪悔老無成，嗤點流傳畏後生。
莫向長卿徵夢兆，文章巨蟹未橫行①。

藏拙端宜付爐灰，累君收拾太憐才。
坐知老物推排盡，一蟹爭如一蟹來。

---

① 《瑯嬛記》卷上："王吉夢蟹，詰旦司馬相如來。吉曰：'此人必以文章橫行一世。'"舊沿日語稱西文爲蟹行文，日人森大來《槐南集》卷八《七月七日作》之三所謂"蠑螈文字好橫行"。

一九七七年

燕謀以余罕作詩寄什督誘如數奉報

才退心粗我自知，煙銷漚滅不成詩①。

分明眼底難尋處，渺莽江頭欲拾時。

枉與焚灰吞杜甫，苦將殘錦乞邱遲。

欣然擱筆無言説，稽首維摩是本師。

六情底滯力闌單，上水船經八節灘。

識字果爲憂患始，作人奚止笑啼難。

舉頭鵲噪頻聞喜，盈耳蛙鳴盡屬官。

耆舊紛傳新語好，偏慚燥吻未濡翰②。

---

① 《雲仙雜記》卷三："能詩之士，雨泡滅則得意，香煙斷而成吟。"
② 陸士衡《文賦》："始躑躅於燥吻，終流離於濡翰。"

一九七八年

陳百庸凡屬題出峽詩畫册

務觀騎驢入劍門，百庸放棹出瞿峽。
詩成異曲詫同工，能畫前賢輸一着。
豪放淋漓蘊苦心，態穠韻遠耐研尋。
毫端風虎雲龍氣，空外霜鐘月笛音。

一九七九年

寄祝許大千七十

少日同窗侶，天涯一故人。
振奇風骨卓，坦率性靈真。
早卜仁能壽，遙知德有鄰。
白頭望好在，跡曠愈情親。

馬先之厚文屬題詩稿

先公宿許老門生，行誼文章異俗情。
曠世心期推栗里，故鄉宗派守桐城。
風恬春雨知時霽，潦盡秋潭澈底清。
把玩新編重品目，卅年惆悵溯詩盟①。

---

① 君《題陶集》詩曰："千載邈無倫。"

一九八一年

大千枉存話舊即送返美

寥天瀛海渺相望，燈燭今宵共此光。
十日從來九風雨，一生數去幾滄桑。
許身落落終無合，投老栖栖有底忙。
行止歸心懸兩地，長看異域是家鄉。

一九八九年

閱　世

閱世遷流兩鬢摧，塊然孤喟發羣哀。

星星未熄焚餘火，寸寸難燃溺後灰。

對症亦知須藥換，出新何術得陳推。

不圖剩長支離叟①，留命桑田又一回。

---

① 放翁《雜詠》："悠悠剩長身"、《寓歎》之三："人中剩長身。""長"同
"長物"之"長"，去聲。

代擬無題七首

緣　起

楊　絳

　　"代擬"者，代余所擬也。余言欲撰小說，請默存爲小說中人物擬作舊體情詩數首。默存曰："君自爲之，更能體貼入微也。"余笑曰："尊著《圍城》需稚劣小詩，大筆不屑亦不能爲，曾由我捉刀；今我需典雅篇章，乃託辭推諉乎?"默存曰："我不悉小說情節，何從著筆?"余乃畧陳人物離合梗概，情意初似"山色有無中"，漸深漸固，相思纏綿，不能自解，以至懺情絕望猶有餘恨，請爲逐步委婉道出。並曰："君曾與友輩競擬《古意》，乃不能爲吾意中癡兒女代作《無題》數首耶?"默存無以對，苦思冥搜者匝月，得詩七首擲於余前曰："我才盡此，祇待讀君大作矣。"余觀其詩，韻味無窮，低徊不已。絕妙好辭，何需小說框架? 得此空中樓閣，臆測情節，更耐尋味。若復黏着填實，則殺盡風景。余所擬小說，大可不著一字，盡得風流也。

　　縱說疏疏落落，仍看脈脈憧憧。

　　那得心如荷葉，水珠轉念無踪。

風裏孤蓬不自由，住應無益況難留。
匆匆得晤先憂別，汲汲爲歡轉賺愁。
雪被冰牀仍永夜，雲階月地忽新秋。
此情徐甲憑傳語，成骨成灰恐未休。

辜負垂楊縮轉蓬，又看飛絮撲簾櫳。
春還不再逢油碧，天遠應難寄淚紅。
煉石鎮魂終欲起，煎膠續夢亦成空。
依然院落溶溶月，悵絶星辰昨夜風。

吳根越角別經時，道遠徒吟我所思。
咒筍不靈將變竹，折花雖晚未辭枝。
佳期鵲報謾無準，芳信鶯通聖得知。
人事易遷心事在，依然一寸結千思。

遠來犯暑破功夫，風調依然意態殊。
好夢零星難得整，深情掩斂忽如無。
休憑後會孤今夕，縱卜他生失故吾。

一九九一年

不分杏梁棲燕穩，偏驚塞雁起城烏。

愁喉欲斲仍無着①，春脚忘疲又却回。
流水東西思不已，逝波晝夜老相催。
夢魂長逐漫漫絮，身骨終拚寸寸灰。
底事司勳甘刻意，此心忍死最堪哀。

少年綺習欲都刊，聊作空花撩眼看。
魂即真銷能幾剩，血難久熱故應寒。
獨醒徒負甘同夢，長恨還緣覓短歡。
此日茶煙禪榻畔，將心不必乞人安。

---

① 薛浪語《春愁詩》："欲將此劍斲愁斷，昏迷不見愁之喉。"